Inhoud

Inleiding

Tegenwoordig is er bij elke ruitersportzaak een keur van bandages, springschoenen en pijpkousen te koop. Ze zijn allemaal ontworpen met het doel ons paard bescherming te bieden tegen sportletsel, van de voorknie en de hak tot aan de voet, inclusief het ijzer. De oorspronkelijke bandages zijn nog steeds erg populair. Ze voldoen uitstekend en geven daarbij een prima ondersteuning, mits ze goed worden omgelegd. Pijpkousen worden in alle mogelijke materialen uitgevoerd, zoals in leer, vilt, plastic of rubber. Ze zijn snel en makkelijk in het gebruik. Ze leggen als het ware een beschermende koker om het been, waardoor ze uitermate geschikt zijn om blessures te voorkomen.

De ijzers, die het paard draagt om de voeten tegen een te snelle afslijting te beschermen, beïnvloeden het bewegingsmechanisme van het paard. Dit kan zowel in negatieve als positieve zin zijn. Het is dus belangrijk om samen met je hoefsmid preventieve maatregelen te nemen. Het voorkomen van blessures is altijd beter dan genezen. Mocht er dan door onberekenbare omstandigheden iets misgaan, dan kan de bescherming daarbij nuttig zijn. Het juiste gebruik van bandages en pijpkousen kan je een dure rit naar de dierenarts besparen.

De meeste pijpkousen zijn voorzien van een verdikking op de plaats die ze geacht worden te beschermen en daarom moeten ze ook met zorg passend uitgekozen worden. Omdat ze tijdens het werk vaak veel te verduren hebben, loont het de moeite goede modellen van een stevige kwaliteit te kopen. Goedkoop kan in dit geval wel duurkoop betekenen, omdat de goedkope exemplaren in de praktijk niet lang mee gaan. Wanneer je bandages aanschaft, controleer dan altijd de lengte, zorg voor goede kwaliteit en beoordeel de sluiting. De één zal vaste bandjes op het eind willen; de ander wil klitteband of een losse sluiting.

Op de volgende bladzijden zullen we op eenvoudige en aanschouwelijke manier laten zien hoe en wanneer de meest voorkomende bandages en pijpkousen worden gebruikt. We besteden daarbij vooral aandacht aan de onderlinge verschillen van de diverse types en materialen.

Jane Holderness-Roddam

SPRINGSCHOENEN EN BANDAGES

LRV

LA RIVIERE & VOORHOEVE

First published in the English language as *Threshold Picture Guide: Number 3, Boots and bandages*

ISBN 90 384 0631 2
NUGI 462
Illustraties: Carole Vincer
Vertaling: Els Smit

Springschoenen

Springschoenen worden gebruikt om te voorkomen dat het paard zichzelf verwondt door op de achterkant van de ballen van de hoef of verzenen te trappen. Er bestaan verschillende soorten springschoenen. Het meest bekend is de dichte rubberen springschoen, die zacht gemaakt moet worden in warm water, omdat hij anders te stijf is om over de voet getrokken te kunnen worden.

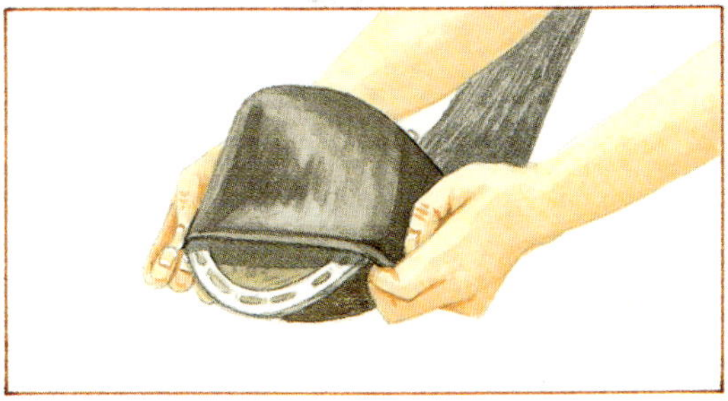

Draai de springschoen binnenstebuiten, ondersteun de voorvoet en trek de warme springschoen over de hoef.

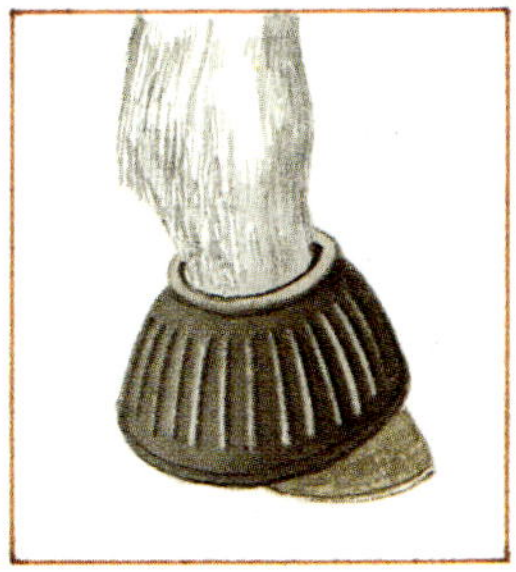

Zet daarna de voet neer en keer de springschoen weer om.

Om de springschoen af te doen, plaats je de toon van de hoef op je knie en maak je de springschoen zo wijd dat je hem weer over de hoef kunt trekken. Blijf de voet ondersteunen, zodat hij niet terugschiet en tegen het andere been stoot.

Er bestaan ook springschoenen met allemaal losse onderdelen, die bij schade makkelijk te vervangen zijn. Ze moeten voorzien zijn van een veiligheidssluiting. Op de tekening zien we nog twee andere sluitingsmogelijkheden

Strijklappen

De kogels zijn zeer kwetsbaar en worden heel vaak aangetikt of door strijken verwond. Ook aan de achterbenen komt dit regelmatig voor, omdat sommige paarden door hun bouw de benen dicht langs elkaar bewegen. Is dit eenmaal begonnen dan kan er een wond of kneuzing ontstaan, die het paard door het rijden in stand houdt. We moeten de kogel dus gaan beschermen. De eenvoudigste manier is het aanbrengen van een wollen strijklap, die boven de kogel met een bandje wordt bevestigd en daarna teruggeslagen. Gaat het steeds om hetzelfde been, dan kan ook het bandageren van de bewuste plek al volstaan. Gaat het om de kogels van beide benen, dan kunnen we beter kogelbeschermers nemen, omdat die steviger zijn. De strijkring, gemaakt van dik rubber waar een riempje doorheen loopt, kan aan het achterbeen gebruikt worden in de kootholte. Het voorkomt bij springpaarden dat het paard zich strijkt tijdens de afzet.

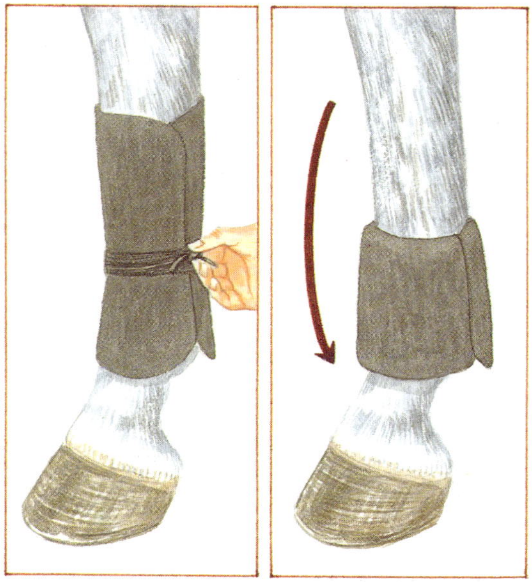

Na de strijklappen tweederde boven de bandjes vastgezet te hebben en éénderde aan de onderkant te houden wordt de strijklap omgeslagen. Zorg dat de sluiting vlak ligt, ook de strik en vouw, daarna de bovenkant om de onderkant.

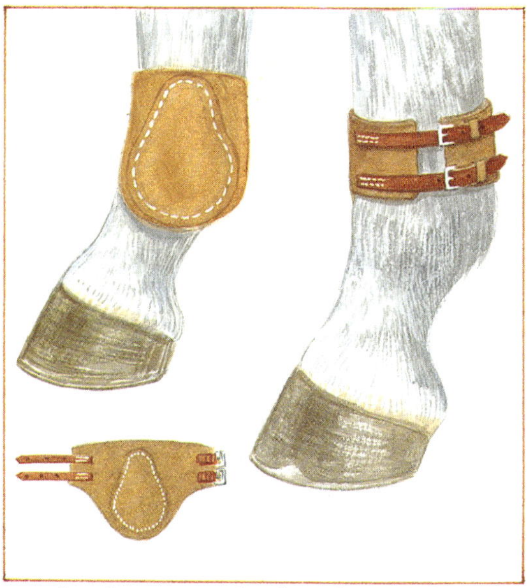

Kogelbeschermers worden direct boven de kogel vastgemaakt en schuiven dan naar beneden op hun plaats. Ze mogen natuurlijk niet gaan draaien. Maak de riempjes vast met de gesp en steek de uiteinden door de lusjes.

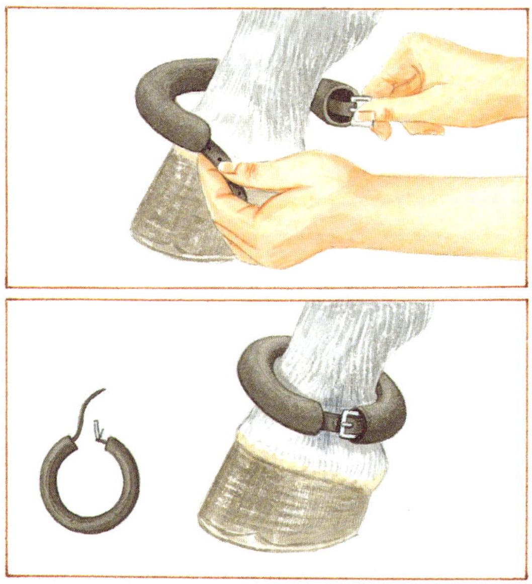

Strijkringen beschermen de achterbenen tegen het aanschoppen. Plaats ze in de kootholte en steek het uiteinde van het riempje door de passant. Voor extra duurzaamheid kun je de sluiting met tape omwikkelen.

Pijpkousen

Boven de kogel bevindt zich het pijpbeen. Dit bot kan door verschillende types pijpkousen worden beschermd. De keus zal afhangen van het soort werk dat we met het paard gaan doen. Een extra lange pijpkous zal vanaf het kniegewricht voor, en vanaf het spronggewricht achter, naar beneden doorlopen tot over de kogel. De beste modellen bieden naast bescherming ook steun, terwijl ze niet schuren omdat ze zacht gevoerd zijn aan de binnenkant. Voor het paard dat zich hoog op de pijp aanschopt, zijn extra verhoogde pijpkousen bedacht. Om te voorkomen dat het paard met de achtervoeten de voorpees verwondt of een peesklap oploopt, zijn er peesbeschermers. Ze zijn speciaal aan de achterkant versterkt en aan de binnenkant gevoerd met voorgevormd kunststof en worden met behulp van riempjes op hun plaats gehouden. Om peesbeschermers minder kans te geven te verschuiven, kunnen we eerst een bandage omleggen die tevens nog extra bescherming biedt.

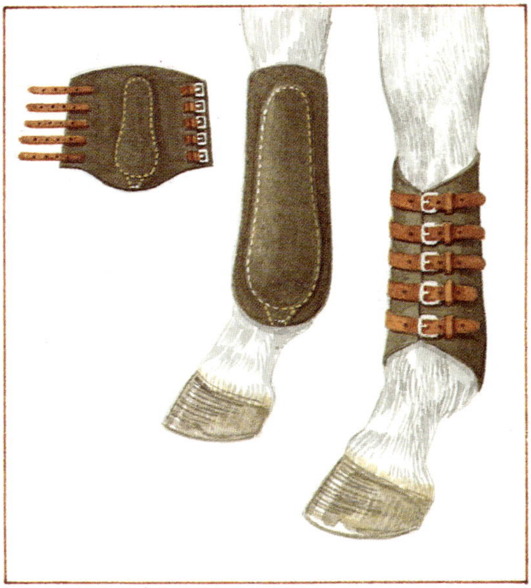

De gewone pijpkous, gemaakt om de pijp en de kogel te beschermen. Aan de binnenkant wordt hij dikwijls gevoerd met zacht materiaal, terwijl de riempjes en gespen alles secuur op zijn plaats houden.

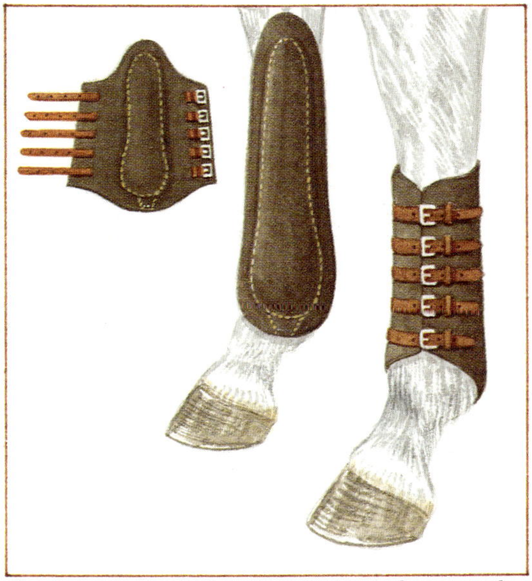

Een extra lange pijpkous om de binnenkant van de knie te beschermen tegen stoten. Eenzelfde soort pijpkous wordt ook gemaakt in de vorm van het achterbeen om het spronggewricht te beschermen.

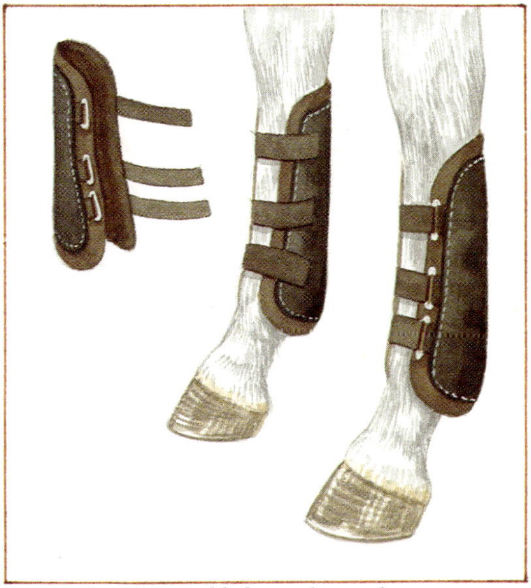

De peesbeschermer blijft aan de voorkant open, maar beschermt wel aan de achterkant de kogel en de pees. De klittebandsluitingen worden eerst door een metalen oog gestoken en vervolgens goed op elkaar gedrukt, zodat ze stevig vastzitten.

Wedstrijdpijpkousen

Aan de wedstrijdpijpkous stellen we als eis dat hij een goede pasvorm heeft, een buitengewoon goede bescherming biedt en nooit losraakt. Zou de pijpkous onverwacht losraken, dan kan dat ernstige ongelukken veroorzaken. Ook het gewicht speelt een belangrijke rol en we zullen daarom moeten kiezen voor licht en waterafstotend materiaal. Peesbeschermers zijn bij de springruiters erg populair, omdat ze de pezen bescherming bieden en het been verder ongemoeid laten. Ze zijn bovendien licht in gewicht en laten zich makkelijk bevestigen. Gemaakt van kunststof materiaal, soms gevoerd en extra verstevigd, zijn ze makkelijk in het onderhoud.
De vilten polopijpkousen zijn alleen handig bij absoluut droog terrein, waar zij dan een efficiënte bescherming bieden. Bij nat weer nemen ze te veel water op.

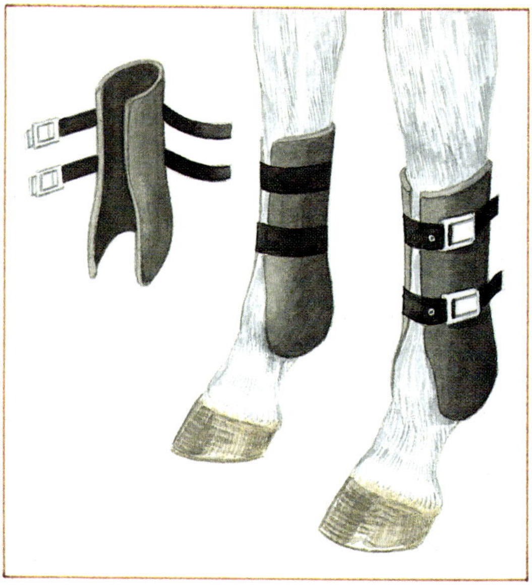

Peesbeschermers. Ze passen mooi om de achterkant van de pees van het voorbeen en sluiten opzij aan de buitenkant, nooit van voren. Het model moet goed om het been passen.

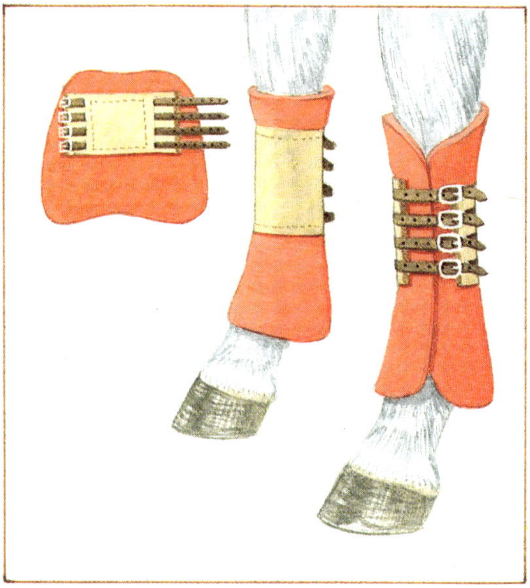

De polopijpkous. Wordt gebruikt bij paarden met een wat nauwe gang (longeren, polo). Bevestig eerst de middelste sluiting, daarna de bovensluitingen en de onderste sluiting. Ze mogen niet draaien of afzakken.

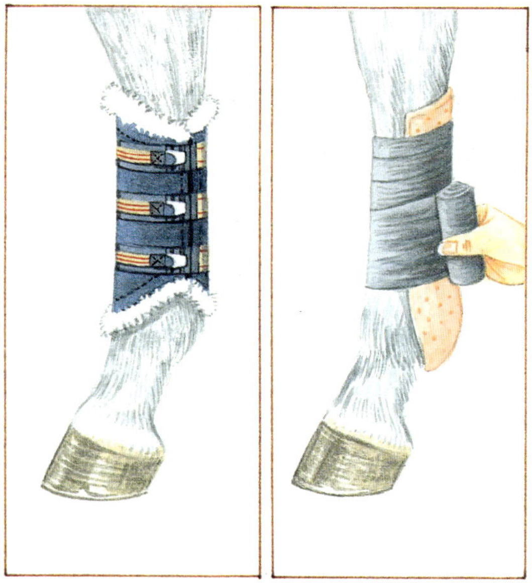

De lichtgewicht wedstrijdpijpkous. Deze biedt een goede bescherming, terwijl hij toch licht in gewicht is. Een losse peesbeschermer kan mee gebandageerd worden, maar moet dan boven en onder uitsteken.

Transport

Transportbeschermers zijn makkelijk en snel aan te brengen en bieden goede bescherming tijdens het transport in trailer of veewagen. Er bestaan verschillende types, bijna allemaal gemaakt van synthetisch materiaal en gevoerd met foam, katoen of schapevacht. De sluitingen zijn meestal van klitteband. De lengte kan heel verschillend zijn, bijvoorbeeld beginnend boven het spronggewricht en doorlopend tot op de hoef, of alleen bescherming biedend aan de pijp. Bij een langere reis bieden deze beschermers geen steun, bandages wel. Op de terugreis van een wedstrijd zullen veel mensen om die reden de voorkeur geven aan bandages. Ook voor paarden die onrustig reizen, zijn bandages veiliger, omdat deze paarden de eenvoudige transportbeschermer zullen vertrappen. Bij rustige paarden kunnen we transportbeschermers over de bandage heen gebruiken. Mits extra vastgezet met tape zullen ze onderweg veilig blijven zitten.

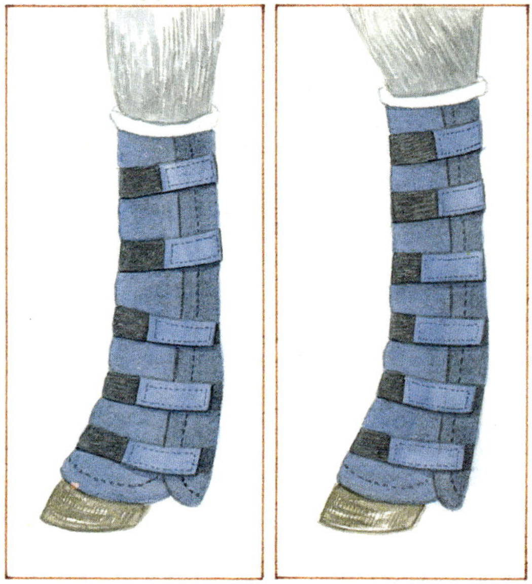

De korte transportbeschermer. Eerst bevestigen we de bovenstrippen en werken dan naar beneden. Gebruiken we knie en spronggewrichtbeschermers, dan komen die er overheen.

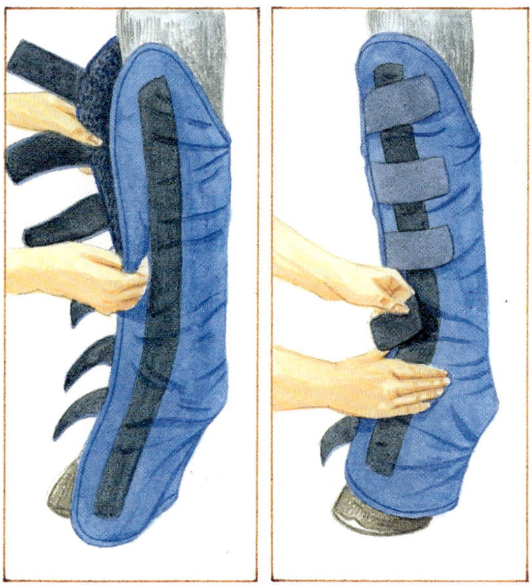

De lange transportbeschermer. Breng hem achter het been langs en druk het klitteband stevig aan. Trek hem nooit zo strak dat de bloedcirculatie wordt belemmerd.

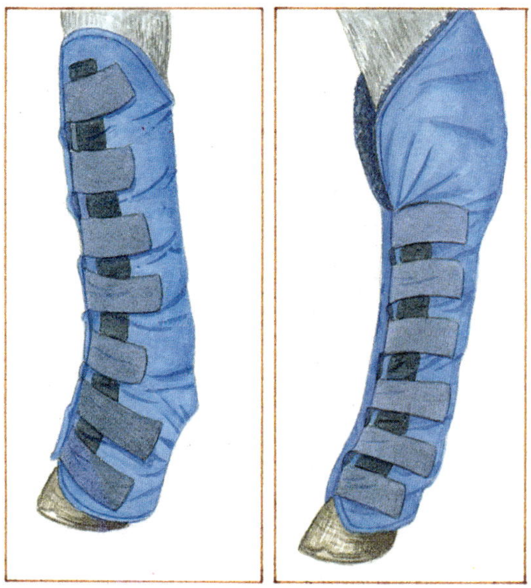

De transportbeschermer moet zo lang zijn dat hij de knie of spronggewrichten bedekt en aan de onderkant over de kroonrand valt. Vet de voeten van tevoren niet in, want de beschermer zal het vet opzuigen en erg vies worden.

Knie

De knie of handwortel aan het voorbeen, is erg kwetsbaar voor stoten. Het aanschaffen van kniebeschermers voor een reis is dus een goede investering. We kunnen ze ook gebruiken voor paarden die tijdens het springen een dikke knie hebben opgelopen door het aanstoten van een balk, of voor paarden die een dikke knie hebben overgehouden aan een valpartij.

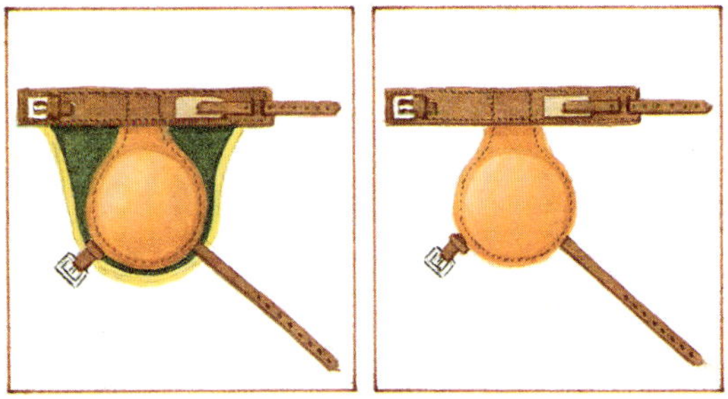

De kniebeschermer die gebruikt wordt tijdens het reizen (links) en de lichtere uitvoering (voor het trainen). Beide zijn voorzien van elastiek aan de bovenkant om flexibel te zijn. Aan de onderkant zijn ze voorzien van een extra lang riempje.

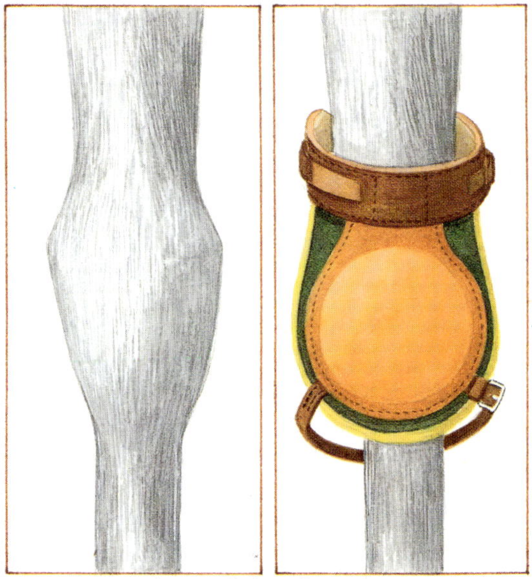

Het vooraanzicht van de knie laat zien waar de kniebeschermer wordt bevestigd boven het gewricht.

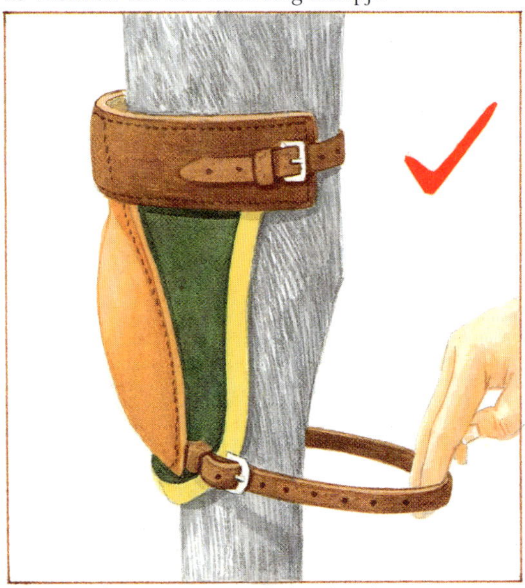

De juiste bevestiging van de kniebeschermer. De onderste riem wordt zeer ruim vastgezet, zodat het gewricht niet wordt gehinderd in zijn bewegingen, essentieel voor het paard om niet te struikelen.

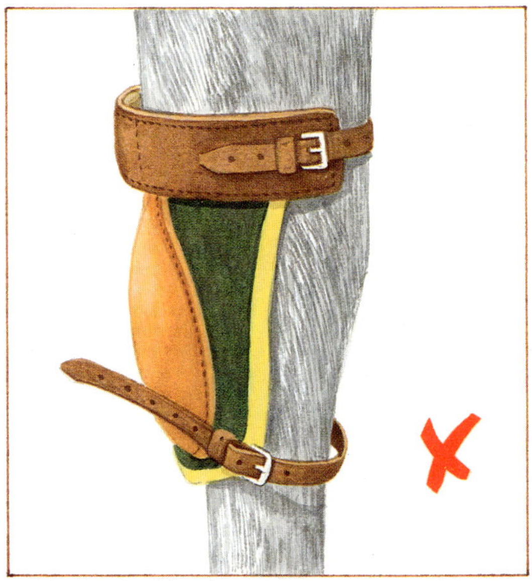

Op dit voorbeeld is de onderste riem te strak bevestigd. Zodra het paard de knie buigt, beperkt de riem het gewricht in zijn bewegingsvrijheid. Dit kan leiden tot een val, of tot beschadiging van de achterkant van de knie.

Spronggewricht

Evenals de knie is ook het spronggewricht gevoelig voor beschadiging tijdens het transport of in de stal. Is het spronggewricht eenmaal beschadigd, dan kan dit makkelijk tot chronische verdikking of open wondjes leiden. Het materiaal van de beschermer moet soepel en zacht gehouden worden door het regelmatig in te vetten. Ze mogen niet te lang om het been blijven zitten, dus 's nachts in de stal kunnen we beter een dikkere laag stro gebruiken.
Ter bescherming van de hak kunnen we misschien beter een lange transportbeschermer gebruiken, omdat die zonder drukpunten op of om het gewricht bevestigd kan worden. De spronggewrichtbeschermer moet aan de bovenkant zeer zorgvuldig vastgemaakt worden, terwijl de onderste riem ruim bevestigd wordt om bewegingsvrijheid te garanderen.

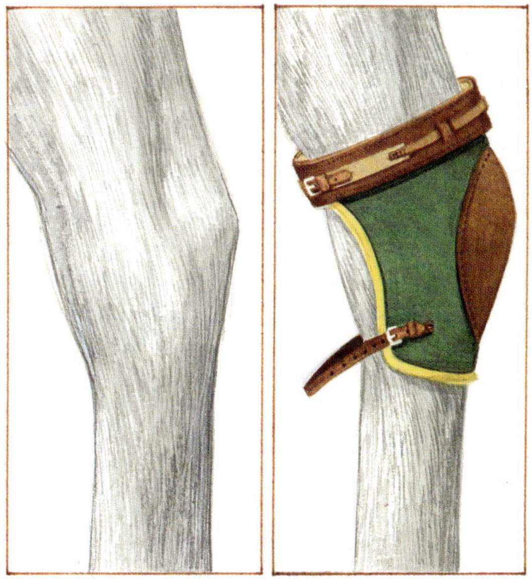

Hier zien we hoe de beschermer boven het gewricht wordt bevestigd en de punt van de hak beschermt. De gespen worden aan de buitenkant van het been gehouden.

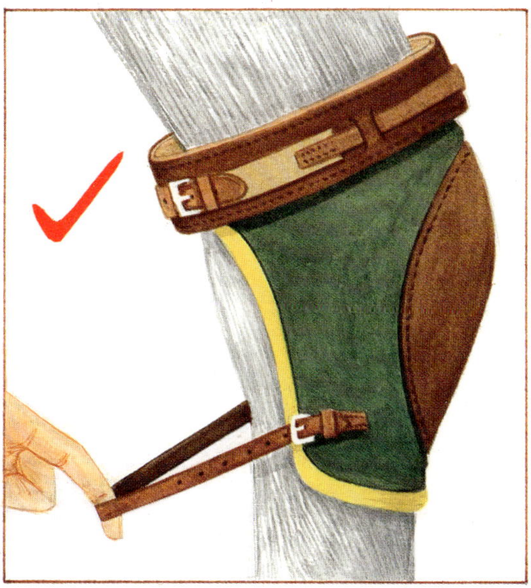

De onderste riem moet zeer ruim vastgemaakt worden, zodat de bewegingsvrijheid van het gewricht optimaal is. Er mag geen druk op de bovenkant van de hak ontstaan. Elastiek aan de bovenste bevestiging geeft enige flexibiliteit.

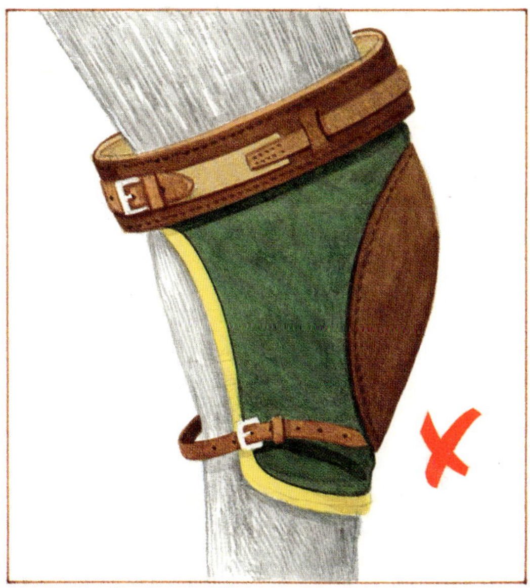

Een foutief vastgemaakte spronggewrichtbeschermer. De onderste riem oefent druk uit op de hak en beperkt de normale beweeglijkheid van het gewricht. Hierdoor ontstaat wrijving en gevaar voor drukkingen.

Sluitingen

Pijpkousen worden in het algemeen vastgemaakt door klitteband, clips of gespen, waarvan de laatste twee voor de beste bevestiging zorgen. Klitteband voldoet uitstekend zolang het nieuw is, maar verliest snel zijn doelmatigheid wanneer er vuil en pluisjes aan vast gaan kleven. Om het zelfklevende effect te handhaven, moet het regelmatig met de hand, met een grove naald of harde borstel worden ontpluisd en schoongemaakt. Op de langere termijn blijkt dit niet altijd effectief. Veel pijpkousen hebben daarom een dubbele klittebandsluiting gekregen. Tape aanbrengen over de sluiting kan deze veiliger maken, maar ook dat is op de lange duur niet afdoende.

Clipsluitingen zijn tamelijk veilig. Ze worden van voor naar achter vastgemaakt en zijn vaak gecombineerd met klittebandsluitingen, die van achter naar voor lopen. Soms zijn de clips bevestigd aan een elastische band, maar wanneer die niet elastisch genoeg is of wanneer door ouderdom de rek verdwijnt zal deze bij stevig sluiten de bloedcirculatie belemmeren. Gespen zij de beste oplossing zolang de riempjes goed onderhouden zijn en zacht en veerkrachtig blijven. Worden ze hard dan verliezen ze hun goede werking en gaan de pijpkousen verschuiven. De gespen moeten altijd aan de buitenkant van het been worden vastgemaakt, waarbij de uiteinden van de riempjes naar achteren wijzen. Hierdoor voorkomen we dat het paard zich eraan verwondt. Ze moeten heel secuur worden bevestigd, want de pijpkous moet precies op zijn plaats blijven zitten. Daarom maken we eerst de middelste gespen vast, gaan dan naar boven en eindigen met de onderste sluitingen, waarbij we ervoor zorgen dat de kogel niet wordt gehinderd in zijn bewegingsvrijheid. Het elastische band waarop de gespen eventueel zijn vastgezet zal tijdens het gebruik geleidelijk zijn rek verliezen.

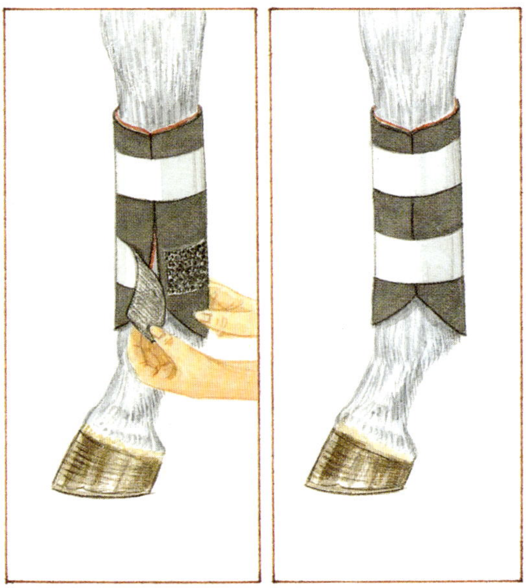

De enkelvoudige bevestiging met klitteband is snel en doeltreffend in het gebruik voor het dagelijkse rijden, maar is alleen effectief zolang het klitteband schoon is en vrij van stof en pluisjes.

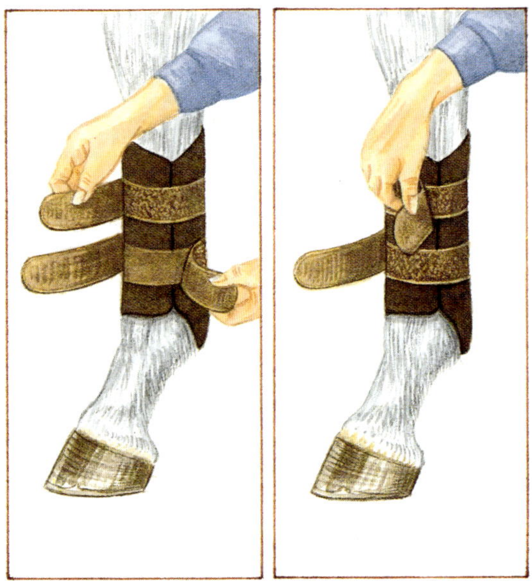

De dubbele klittebandsluiting, mits met goede grip, is ook geschikt voor wedstrijden. De binnenste strips sluiten van achteren naar voren, de buitenste strips gaan van voren naar achteren dicht.

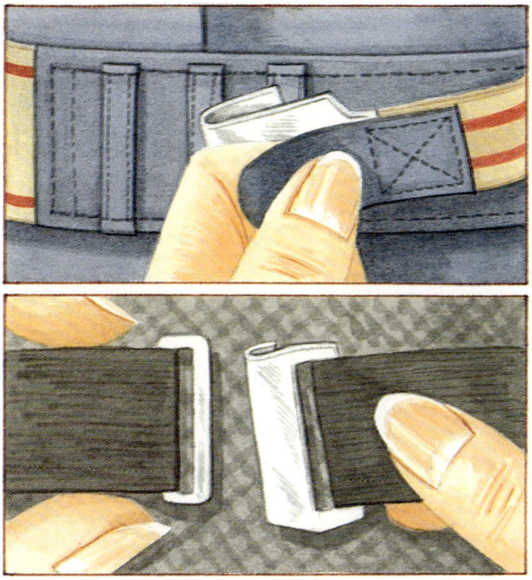

Twee voorbeelden van de clipsluiting. Boven: een clip met een plastic oog, meestal gecombineerd met klitteband voor extra zekerheid. Beneden: metalen clip en oog, vastgezet op elastisch band.

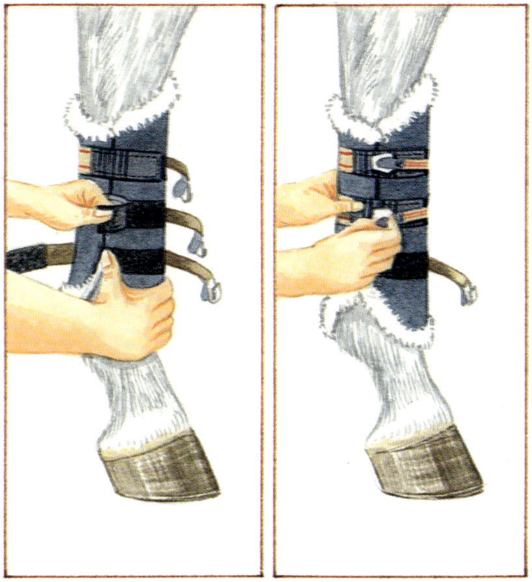

Clips samen met klitteband geven een veilige sluiting. Het klitteband wordt bevestigd van achteren naar voren, terwijl de clip eroverheen van voren naar achteren sluit.

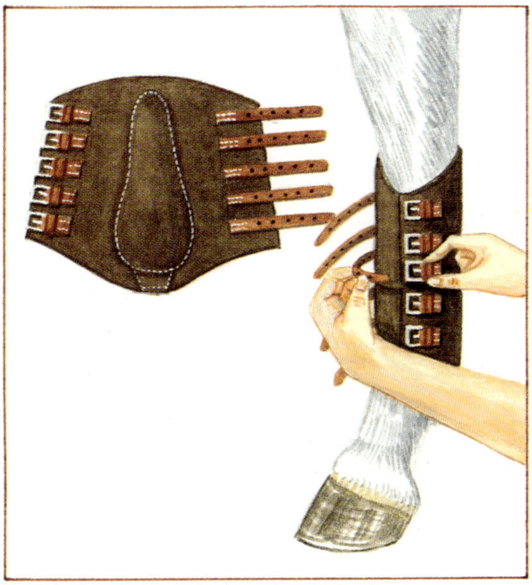

Eenvoudige gespen zijn zeer veilig. Ze moeten de pijpkousen goed op zijn plaats houden, maar mogen niet te strak zitten omdat ze dan de bloedsomloop kunnen belemmeren.

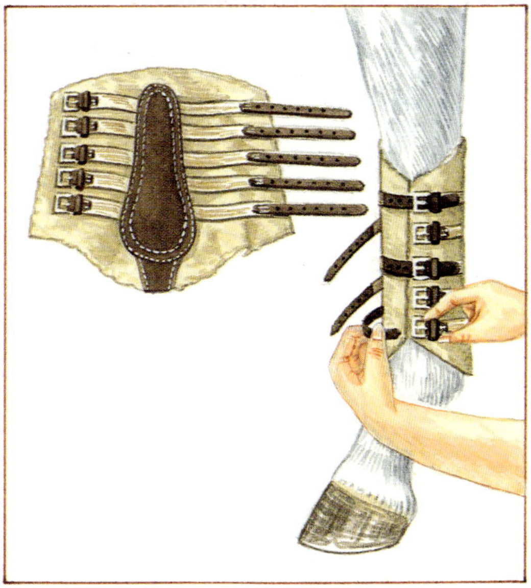

Soms worden de gespen voor extra versterking vastgezet op elastisch band. Haal de riempjes niet te strak aan, want dan kan er ongelijkmatige druk ontstaan.

Onderhoud pijpkousen

Het is van essentieel belang om de pijpkousen en de peesbeschermers goed zacht te houden en brandschoon. Ze veroorzaken makkelijk schaafwonden, of erger: wondjes die geïnfecteerd raken. Bovendien verlengt goed onderhoud de levensduur.
Direct na het gebruik moeten ze schoongeborsteld worden en zonodig gedroogd. Leren delen maken we schoon met zadelzeep en regelmatig zetten we ze in de olie of in het vet, zodat ze zacht blijven en niet barsten. Omdat sommige pijpkousen niet goed wasbaar zijn, laten we ze eerst opdrogen en borstelen daarna de aangekoekte modder eraf, waarbij we de binnenkant niet vergeten.
Veel pijpkousen kunnen wel in de wasmachine gewassen worden. Klittebandsluitingen moeten wel eerst op elkaar gedrukt worden, om te voorkomen dat ze tijdens het wassen pluisjes opnemen. Zijn ze droog, gebruik dan een borduurnaald of harde borstel om het klitteband te ontpluizen.
Onderleglappen van vilt of wol, ook wel onderbandages genoemd, kunnen met zachte zeep gewassen worden. Hang ze gewoon op om te drogen.
Worden de pijpkousen voor korte of langere tijd niet gebruikt, dan moeten we ze secuur schoonmaken en invetten. Zadelzeep of vaseline zijn goede middelen hiervoor. Als er wollen delen aan de pijpkousen zitten moeten we ze tevens in de motteballen leggen.
Vertonen de sluitingen slijtage of materiaalmoeheid, breng ze dan eerst weg om te repareren alvorens ze op te bergen.

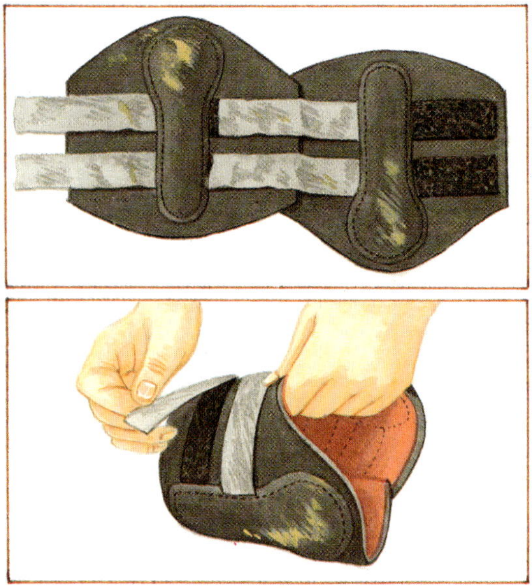

Druk de klittebandsluitingen eerst op elkaar voordat ze de wasmachine ingaan. Controleer of ze echt droog zijn vóór ze worden opgeborgen.

De praktische klittebandsluiting wordt snel onbruikbaar wanneer ze niet regelmatig wordt schoongemaakt. Een borduurnaald is hierbij een handig hulpmiddel om stof en vuil te verwijderen.

Soorten bandages

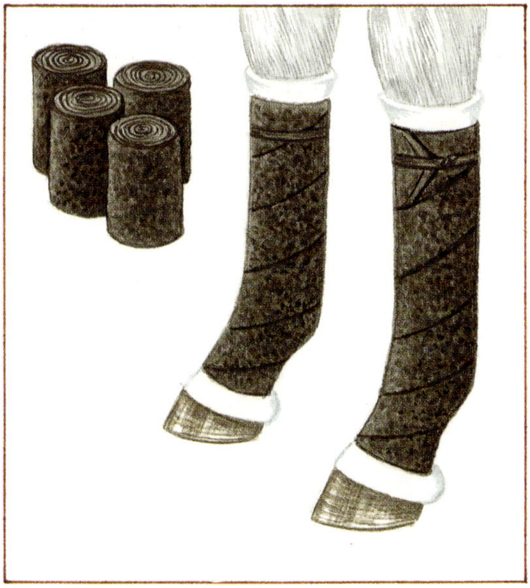

Stal- en reisbandages worden gemaakt van wol, vanwege de warmte en de dikte. Sommige worden gebruikt zonder onderlegbandage.

Gaasverband is een uitstekend materiaal om verwondingen te verbinden, omdat het zich makkelijk voegt naar de onderliggende vormen.

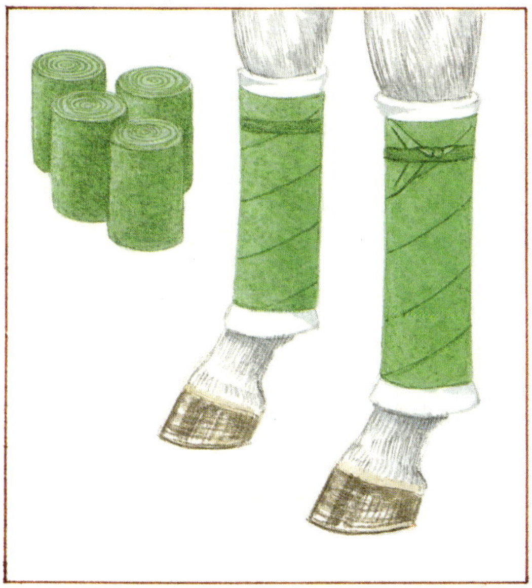

Katoenen bandages kunnen tijdens de reis en op stal gebruikt worden. Ze zijn minder warm dan de wollen bandages en daarom prima te gebruiken in zomerse omstandigheden. De meeste zijn goed wasbaar.

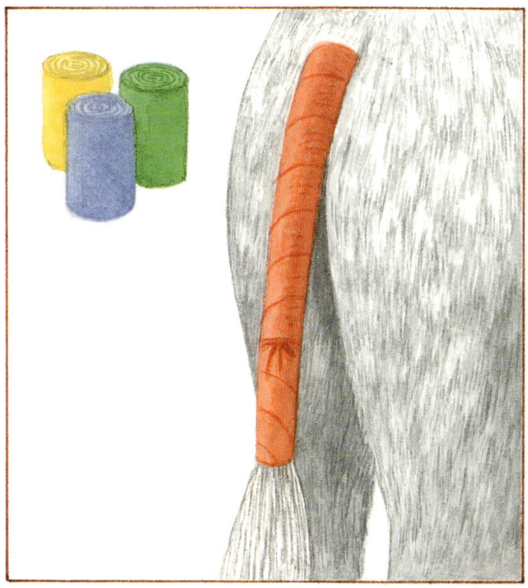

Voor de staart is er een grote variatie aan elastische bandages. Kies een middelzware soort elastiek, omdat een te strakke bandage de bloedcirculatie kan belemmeren. Ernstig letsel kan hiervan het gevolg zijn.

Gebruik

Bandages behoren tot de normale staluitrusting en kunnen gebruikt worden voor bescherming, steun en warmte, maar ook ter voorkoming van blessures en als verband. Het omleggen van de bandage vereist enige oefening en die kan alleen in de praktijk worden opgedaan. Als het omleggen niet goed gebeurt, veroorzaakt hij eerder blessures bij het paard dan wanneer er zonder bandages gereden zou worden. Het is dus van belang eerst de kneepjes van het bandageren te oefenen.

Het geheim van het bandageren zit hem in het omleggen van de bandage op de juiste spanning. De bandage moet daarom al glad en strak zijn opgerold voordat we beginnen te bandageren. Om het paardebeen brengen we een vilten of wollen lap aan, de onderbandage. De bandage moet voldoende lang zijn om onder de handwortel te beginnen (of onder het spronggewricht), langs de pijp naar beneden te gaan met mooie gelijkmatige slagen en dan weer terug naar boven te komen. Bekijk dus voordat je bandages koopt de lengte, want soms zijn ze te kort en alleen geschikt voor pony's. De bandage kan geen goede bescherming bieden wanneer hij het been niet geheel bedekt.

Alle bandages worden op dezelfde manier omgedaan. Een wollen stalbandage die alleen voor de warmte is bedoeld, mag wel eens losser zitten dan de bandage die ter ondersteuning wordt aangebracht. Een werkbandage tot over de kogel mag het gewricht niet hinderen in zijn bewegingen. De stalbandage zal doorlopen tot aan de verzenen. Wanneer we de bandjes vaststrikken, moeten we zorgen dat ze precies zo strak zitten als de bandage zelf, nooit strakker of losser.

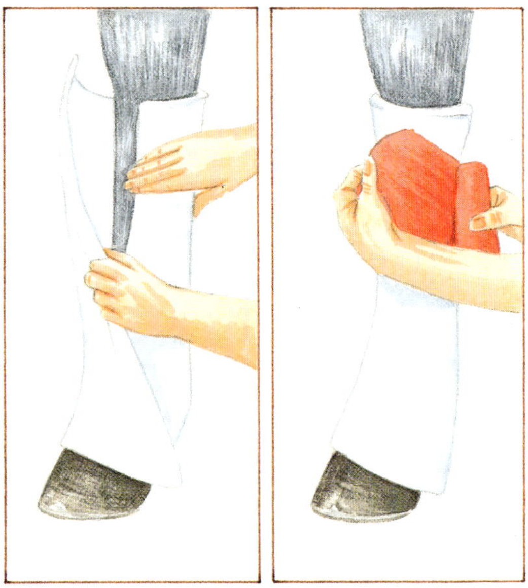

Reis- of stalbandages. Molton, vilt of wol vormen een goede bescherming tegen verwonden of stoten. Wikkel het om het been zoals op het voorbeeld wordt voorgedaan.

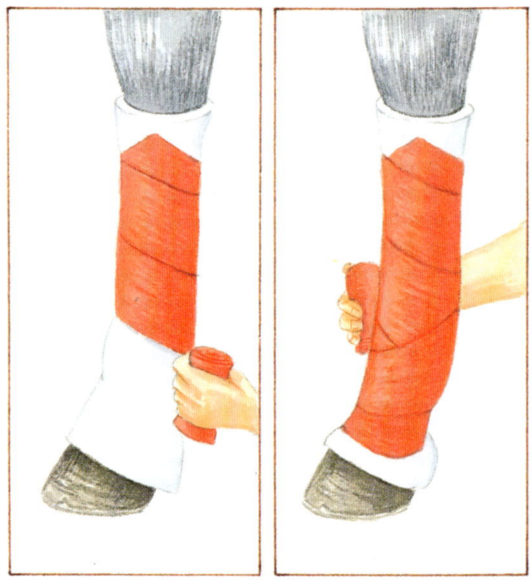

Begin bovenaan en bandageer tegen de klok in naar beneden, waarbij je zover over de kogel doorbandageert als mogelijk is, voordat je weer terug omhoog gaat. Zo krijg je de beste bescherming.

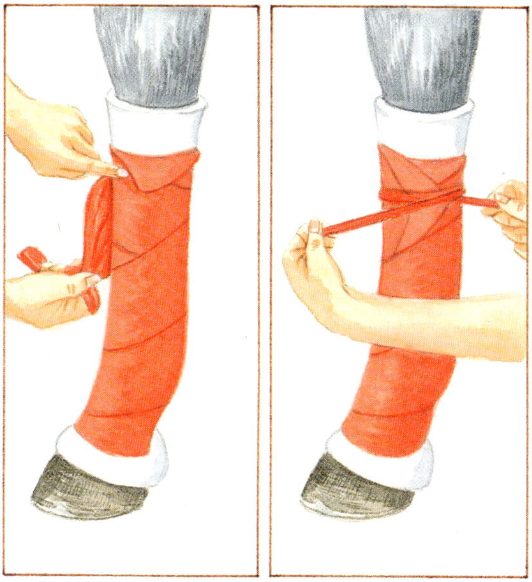

De lengte van de bandage bepaalt de overlapping van de slag. Probeer met deze breedte uit te komen op het punt waar je begon, zodat je het kleine uitstekende puntje terug kunt vouwen onder de laatste slag. Daarna maak je de bandjes vast.

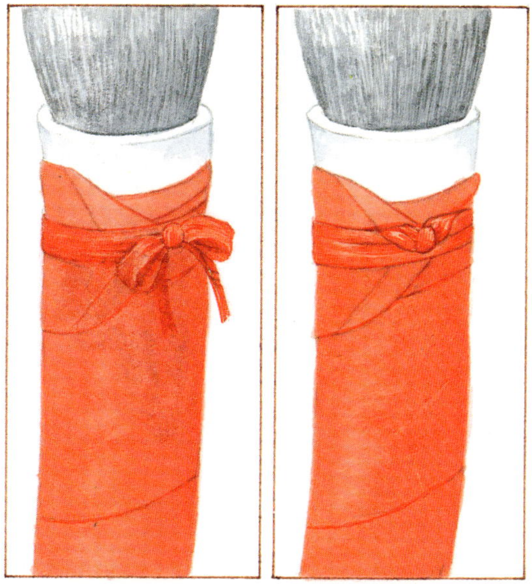

Leg de bandjes vlak en sluit ze met een stevige strik aan de buitenkant van het been. Nooit aan de voor- of achterkant van het been strikken, omdat er dan blessures kunnen ontstaan aan de pezen.

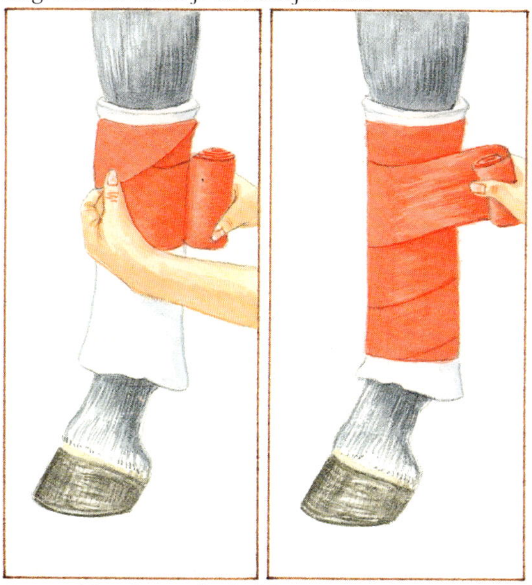

De werkbandage is bedoeld om steun te geven en biedt tevens bescherming tijdens de wedstrijden. Hij loopt tot aan, maar niet over de kogel.

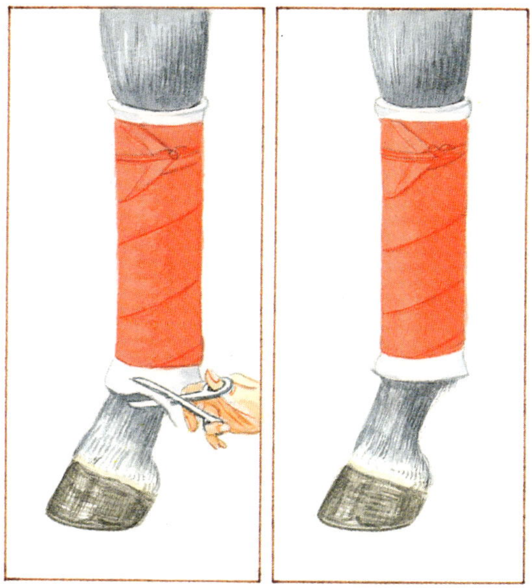

De uitstekende delen van de onderbandages worden gelijkmatig afgeknipt en de sluiting blijft aan de buitenkant. Zorg dat de spanning van de bandage gelijk is aan de spanning op de sluiting.

De staartbandage

Het bandageren van de staart vereist enige oefening. De ene staart is makkelijker te bandageren dan de andere. Maak de haren van de staart vochtig met een spons. Nooit de bandage nat maken, omdat die tijdens het drogen zal krimpen. Breng de bandage onder de staart door (zie tekening rechtsboven) en ga met regelmatige slagen naar beneden tot aan het eind van het staartbeen. Van hieraf ga je weer omhoog, om halverwege het staartbeen te eindigen. Laat de rest van de staart gewoon hangen. Sommige staartbandages zijn erg elastisch. Leg deze bandages niet te strak om, anders wordt de bloedsomloop ernstig belemmerd. De bandjes van de sluiting mogen niet strakker zitten dan de bandage zelf. Laat staartbandages nooit een nacht lang om, anders ontstaan er verwondingen aan de staart.

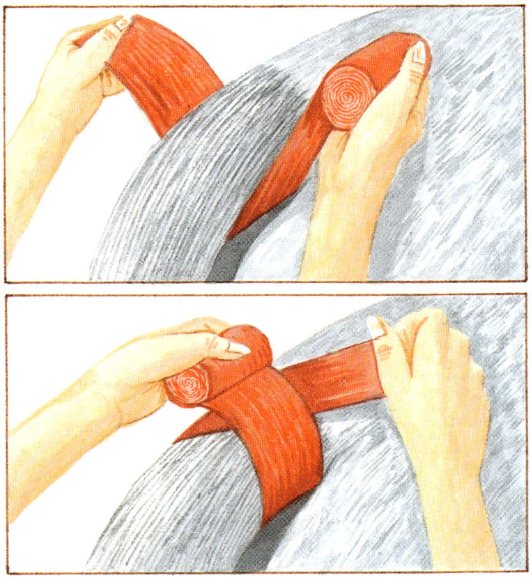

Maak de staart iets vochtig en begin met de bandage goed hoog onder de staart aan te brengen. Maak een mooie eerste slag en laat het begin van de bandage als een losse flap uitsteken.

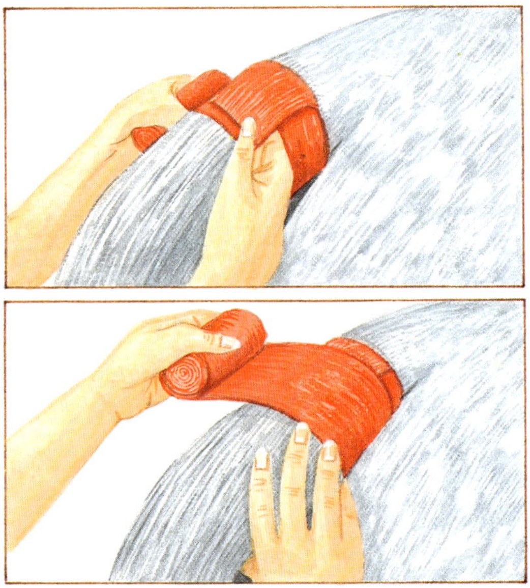

Sla het uiteinde terug en zet het vast met een extra slag van de bandage. Bandageer nu verder naar beneden met regelmatige, niet te strakke slagen.

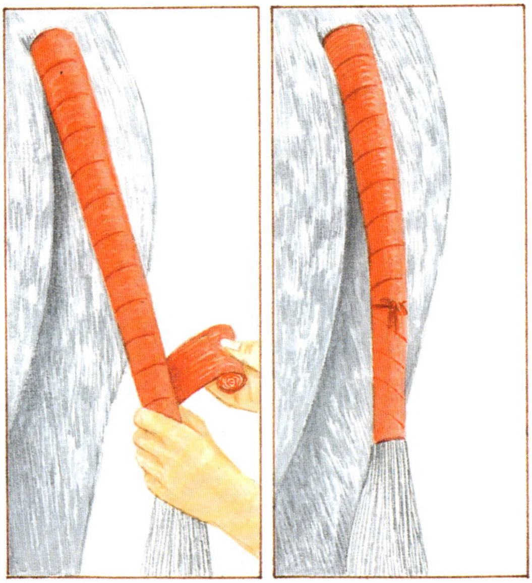

Bandageer door tot het einde van de staartwortel en ga dan weer naar boven met gelijkmatige slagen. Maak de bandjes vast en zorg dat ze mooi glad liggen; houd de strik aan de buitenkant.

Bandages verwijderen

Beenbandages

We beginnen met het losmaken van de bandjes of de sluitingen, waarna we de bandage snel van hand naar hand afwikkelen en elke slag ongedaan maken. Probeer in dit stadium niet de bandage gelijktijdig op te rollen, omdat er zo een ongelijkmatige, niet strakke bandage overblijft die niet zonder meer opnieuw te gebruiken is. Verwijder nu de onderbandage en masseer het been, waarbij je tevens controleert of alles goed is. Ga tijdens het om- of afdoen van de bandages nooit op je knieën zitten, want als het paard onverwacht schrikt of opzij stapt, bevind je je in een onmogelijke en gevaarlijke situatie.
De bandages moeten even luchten, soms drogen en indien nodig afgeborsteld worden, voordat ze opnieuw worden opgerold en opgeborgen. Borstel ook de onderbandage af, zodat er geen zand aan blijft zitten.

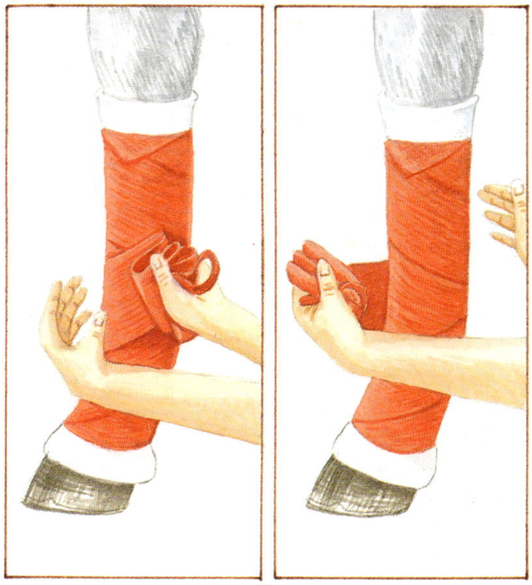

De bandage moet tijdens het afwikkelen snel van de ene hand in de andere hand worden overgepakt. Blijf op je hurken zitten, want het is gevaarlijk om op je knieën te zitten.

Staartbandages

Het verwijderen van de staartbandage gaat snel en eenvoudig. Wel kunnen sommige paarden wat overgevoelig reageren wanneer we het te snel willen doen. Het paard heeft een goed geheugen en zal zich een onzorgvuldige behandeling goed herinneren, wat de volgende keer tot het weigeren van medewerking kan leiden. Maak de strik los en stroop de bandage langzaam en voorzichtig naar beneden. Laat het met korte rukjes over de haren van de staart naar beneden glijden, maar probeer niet de bandage ondertussen af te wikkelen. Bij extreem dikke staarten kan deze methode wel eens onmogelijk zijn en ben je genoodzaakt om heel voorzichtig de bandage af te wikkelen. Laat de staartbandage in geen geval een nacht lang om de staart gewikkeld zitten. De bloedcirculatie kan ernstig belemmerd worden, waardoor ernstige problemen kunnen ontstaan.

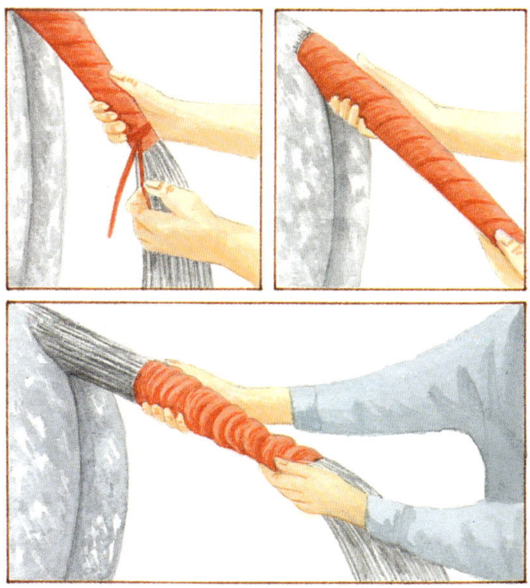

Maak de strik los en trek de bandage in zijn geheel naar beneden over de onderkant van de staart. Rol daarna de bandage af en maak hem klaar voor het volgende gebruik.

Geblesseerde knie bandageren

De knie of handwortel is van nature geen gemakkelijk gewricht om te bandageren. Het is een beweeglijk gewricht en de belangrijkste botten zijn gevoelig voor drukkingen. Afgezien van de verwonding blijkt het achterop liggende bot, het haakbeen, een bijzonder gevoelig punt. Als de bandage op dit punt de bloedcirculatie belemmert, wordt elke onbetekenende verwonding een serieus probleem.

We moeten in ieder geval de knie omwikkelen met een veerkrachtig materiaal. Watten voldoen goed, mits niet direct op een open wond gelegd. Door nu kruislings te bandageren kunnen we de achterkant van de knie vrij houden van druk, terwijl er ook beweeglijkheid blijft bestaan. Een gewone stalbandage om de pijp dient altijd ter ondersteuning van de kniebandage te worden gebruikt.

Omdat elke verwonding weer anders is, zullen we de beschreven methode als een leidraad moeten zien waar we flexibel mee omgaan al naar de omstandigheden.

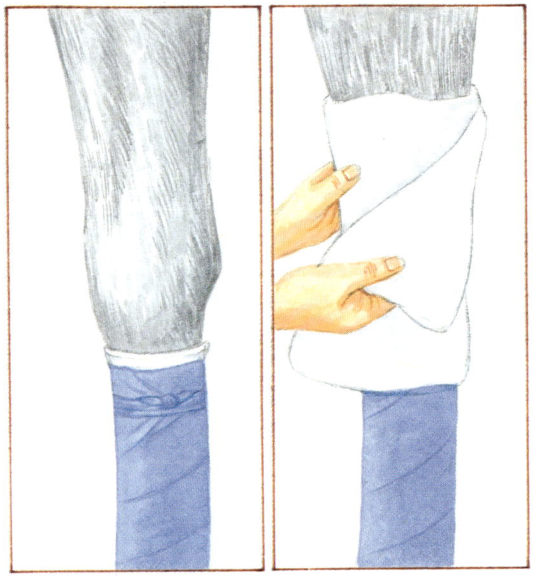

Het haakbeen aan de achterkant van de handwortel is erg gevoelig voor druk. Gebruik eerst een stalbandage waarna je genoeg onderbandage of watten rond de knie wikkelt en leg dan het verband aan.

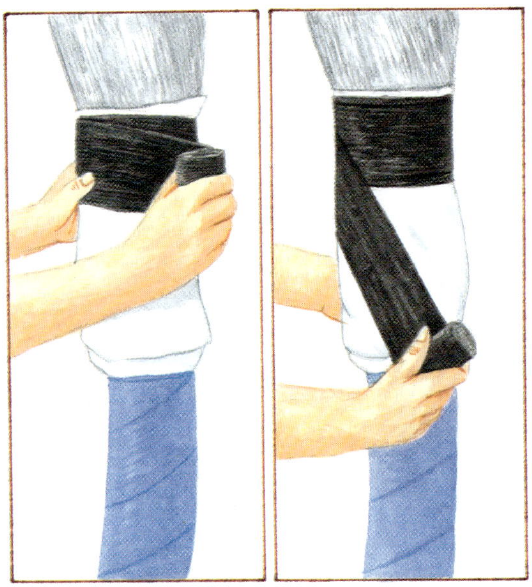

Maak enkele slagen boven het gewricht. Ga kruislings over de voor- of zijkant naar beneden. Maak twee of drie slagen aan de onderkant, waarna je weer kruislings naar boven gaat.

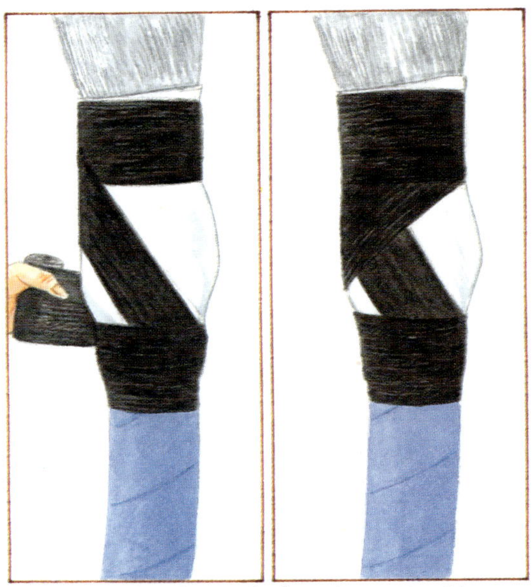

Kruis het verband zo vaak als nodig is. Houd het achterdeel van de handwortel vrij vanwege het haakbeen. Zorg dat het ondermateriaal niet verschuift. Soms is een tweede bandage over de eerste nodig.

Spronggewricht bandageren

Bandageer bij een geblesseerd spronggewicht eerst beide achterbenen aan de pijp met een stalbandage. Het verband aan het spronggewricht krijgt hierdoor wat ondersteuning. Aan de binnenkant van het spronggewricht zit een uitstekend bot dat erg gevoelig is voor druk, wees hier erg voorzichtig met de onderbandage of andere vulling en laat de punt ruim uitsteken bij de verbandbandage. Laat de onderbandage ruim boven en onder het gewricht uitsteken. Bandageer enkele slagen boven het spronggewricht, kruis dan voorlangs naar onderen en maak twee of drie slagen rond de stalbandage. Daarna kruis je aan de voorkant van het gewricht weer naar boven. Je controleert of er geen druk ontstaat op het gevoelige bot aan de binnenkant en zorgt dat de hak goed ingepakt en beschermd is. Ook hier heb je soms twee bandages nodig voor het inzwachtelen. Alle bandages hebben de neiging om naar beneden te zakken, daarom kan een elastische zelfklevende bandage over de vorige soms meehelpen om alles op zijn plaats te houden.

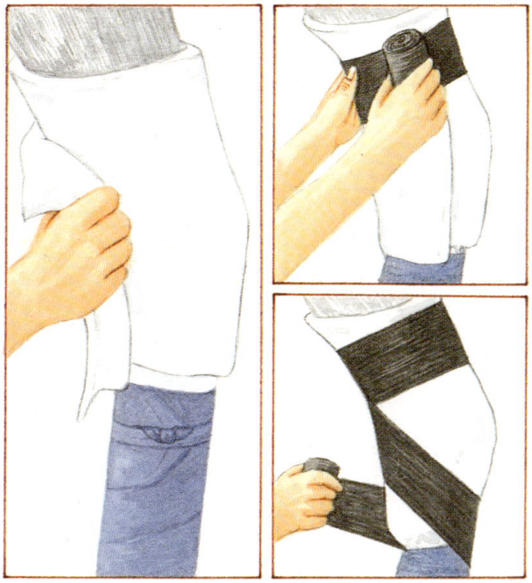

Gebruik stalbandages en genoeg watten of onderbandages om het hele spronggewricht royaal in te pakken. Begin bovenaan met enkele slagen, kruis daarna voorlangs naar beneden en ontzie het gevoelige punt aan de binnenkant.

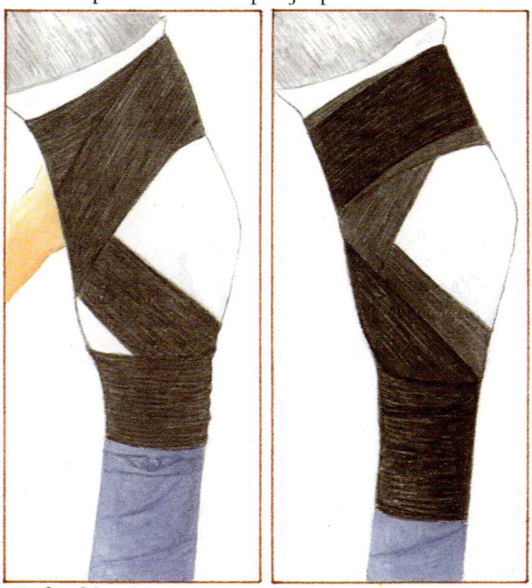

Herhaal het kruisen van de bandage en maak boven en beneden slagen om alles op zijn plaats te houden. Maak de sluiting boven het spronggewricht vast aan de buitenkant en bevestig voor de zekerheid een elastische zelfklevende bandage.

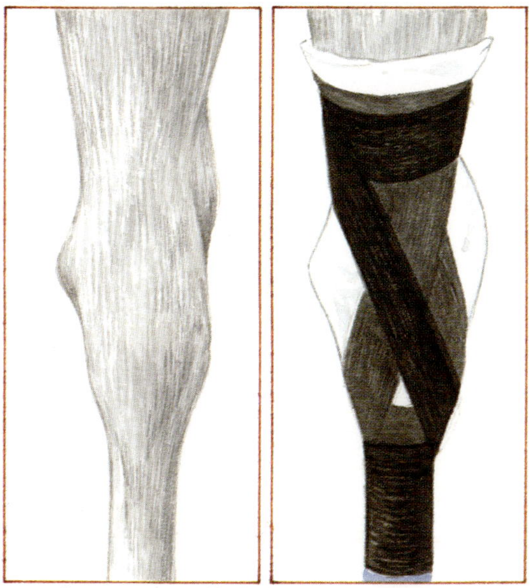

Hier kun je zien welk deel van het spronggewricht ontzien moet worden en vrij van druk moet blijven. Door het kruislings bandageren wordt op dit punt geen druk uitgeoefend, waardoor eventuele nieuwe verwondingen worden voorkomen.

Een gewonde voet verbinden

Een bandage blijkt moeilijk op zijn plaats te houden. Het geheim zit hem in het royale gebruik van vulling en/of onderbandage, verpakt in een extra lange bandage. Ook hier beginnen we met de gewone stalbandage om de pijp aan te brengen. Daarna maken we de wond steriel of brengen de voorgeschreven zalf aan en bedekken dit met plastic. Daarna vullen we op met veel watten of ander verbandmateriaal. Er moet zoveel materiaal gebruikt worden dat er na het bandageren niets meer uitsteekt. Breng nu de sterke, schone plastic zak aan over de voet. Daarna ga je met de stalbandage stevig bandageren, te beginnen in de kootholte. Ga ook nu weer kruislings te werk over de onderkant van de hoef en herhaal dit enige keren, waarna je hem vastmaakt boven de hoef. Het kan nodig zijn het paard een bijtlap om te doen om te voorkomen dat hij het verband lostrekt.

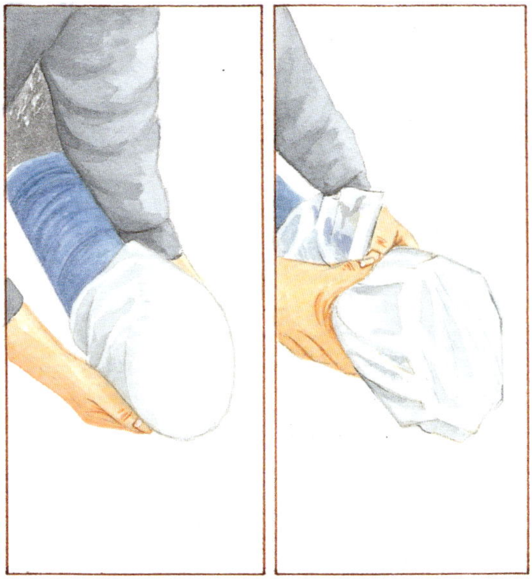

Na het insmeren van de voet bedek je hem met plastic en voldoende verbandmateriaal. Een sterke plastic draagtas of een stuk landbouwplastic gaat dáár weer omheen.

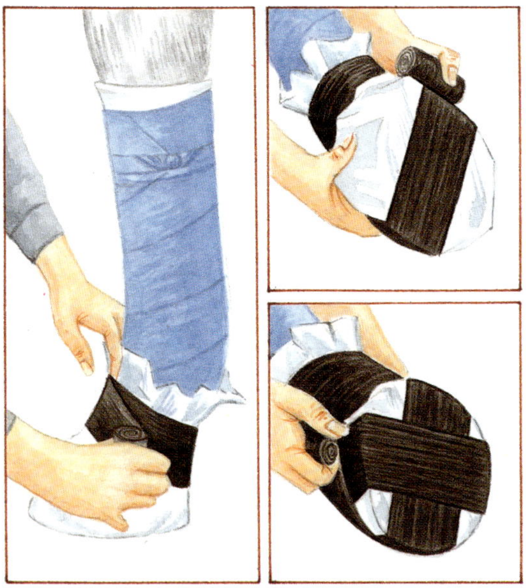

Zet de voet op de grond om alles op zijn plaats te houden, terwijl je de eerste slagen van de elastische bandage legt. Begin in de kootholte, waarna je de kroonrand en de verzenen omzwachtelt. Ga daarna kruislings over de onderkant van de hoef.

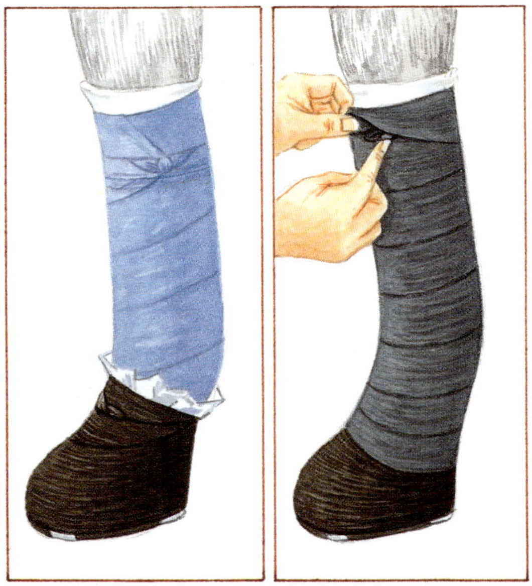

Soms is een tweede bandage nodig. Bandageer in ieder geval een stukje over de stalbandage voor het extra houvast. Stop alle sluitingen onder de bandage weg. Gebruik eventueel een bijtlap.

Vastzetten van de bandage

Een bandage kan extra worden vastgezet met kleine steekjes of door er zelfklevende tape omheen te wikkelen. Beide methodes voorkomen dat er tijdens een wedstrijd bandages losraken. Bandages die eindigen met bandjes om te strikken, worden normaal vastgemaakt. Daarna wordt de knoop boven en onder vastgenaaid met kleine steekjes die door en door gaan. Klittebandbandages of bandages zonder bevestiging aan het eind, moeten met kruissteekjes worden vastgezet aan de buitenkant van het been. Als de bandage of onderbandage gedeeltelijk te strak zit, dan wordt de bloedsomloop belemmerd. Belangrijk dus om de bandage gelijkmatig van druk om te leggen en de sluitingen mogen ook nu weer niet strakker zitten dan de bandage zelf. Bij nat weer is het gebruik van tape af te raden omdat het losgaat zodra de bandage nat wordt.

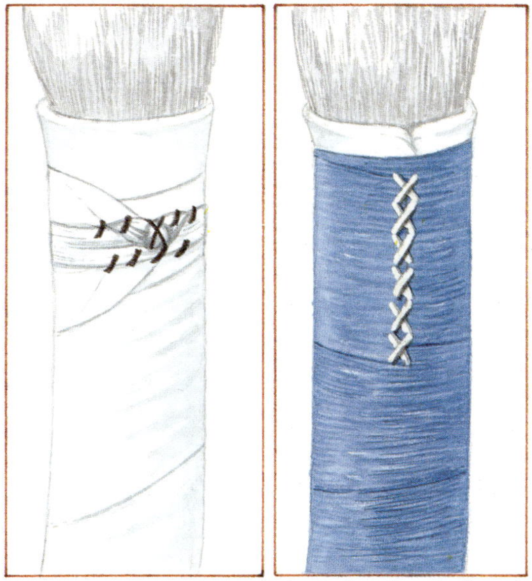

Twee correcte manieren: links de bandjes eindigend in een strik. Ze worden overhands vastgenaaid. Rechts een bandage zonder vaste sluiting, die keurig met kleine kruissteekjes van boven naar beneden is vastgezet.

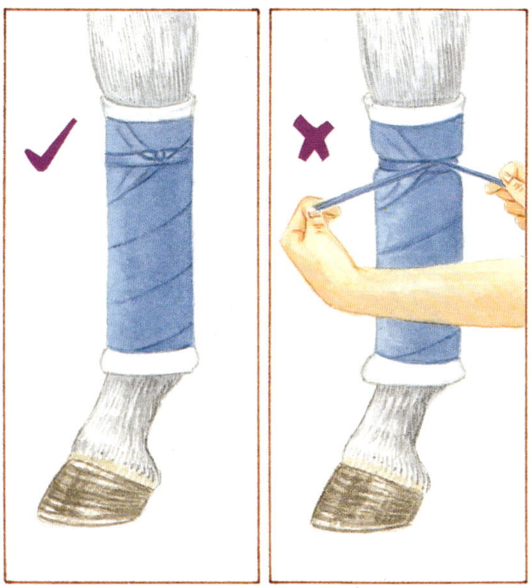

De juiste en de foutieve manier om de bandage vast te zetten.
Links: de bandjes zitten even strak als de bandage.
Rechts: hier zijn ze te strak aangetrokken en veroorzaken druk op de pees.

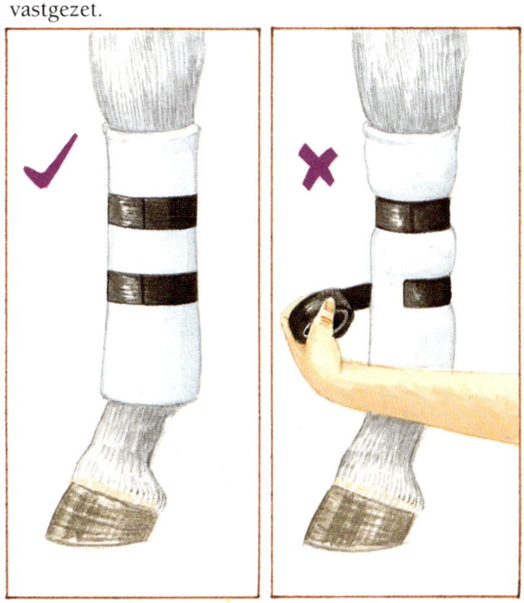

Bij het vastzetten met tape geldt hetzelfde principe. De tape mag niet strakker zitten dan de bandage zelf. Ongelijke druk kan blessures door afbinding veroorzaken.

Onderhoud van de bandages

Bandages moeten goed onderhouden worden wanneer je er lang plezier van wilt hebben. Wollen en katoenen bandages moeten worden uitgeklopt en afgeborsteld na gebruik. Bergen we ze voor een langere periode op, dan moeten ze gewassen worden en goed droog in de mottenballen worden gelegd.

Elastische en tricot bandages moeten vaker gewassen worden. Was je ze in de wasmachine doe er dan een sloop of iets dergelijks omheen om in de war raken te voorkomen. Met de hand wassen zal de levensduur verlengen. Gekleurde bandages zijn niet altijd kleurecht, was ze dus de eerste keer apart.

Strijk de bandjes glad als ze nog nat zijn en naai eventueel losgeraakte stiksels vast. Klitteband moet vrij van stof en pluisjes gehouden worden.

Worden de onderbandages rafelig dan zul je ze moeten vervangen door nieuwe. soms worden de randen verstevigd met een feston-steek om de levensduur wat te verlengen. Sommige soorten onderbandages kunnen gewassen of geborsteld worden. Ondermateriaal met een rubber buitenkant is lang niet zo geschikt omdat het been dan gaat zweten. Het rubber kan hierdoor worden aangetast en dit materiaal moet dus regelmatig met de hand worden gewassen.

Koop altijd bandages met een passende lengte en breedte. Lange sluitingsbandjes verdienen de voorkeur, omdat ze minder snel te strak bevestigd worden dan korte bandjes.

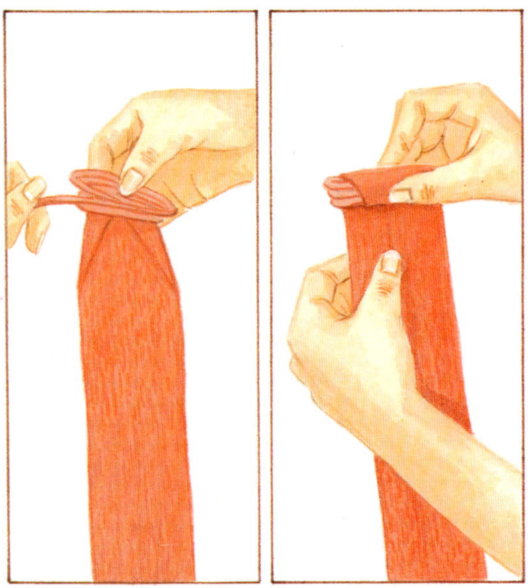

Om een bandage op te rollen moeten de bandjes vlak gemaakt worden en opgevouwen, waarna ze mee worden gerold, zodat ze vlak blijven wanneer we ze opnieuw gebruiken. De klittebandsluiting wordt met de zachte kant naar binnen opgerold.

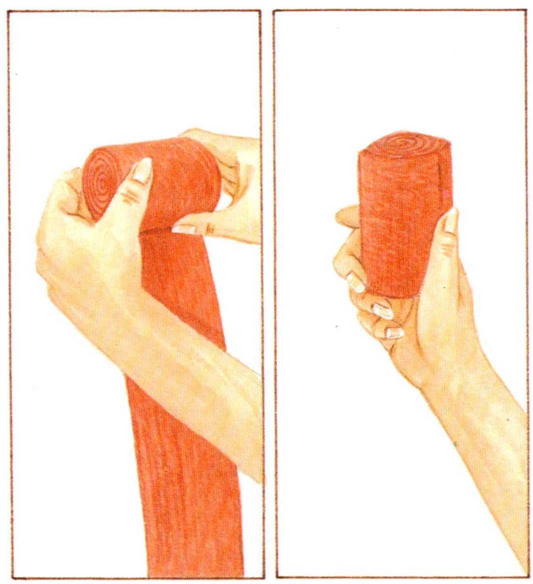

Rol stevig en vlak en houd de bandage recht, want anders is het onmogelijk om hem bij een volgend gebruik gelijkmatig af te wikkelen langs het been. Het oprollen bepaalt de effectiviteit van het afrollen. Doe dit dus altijd heel secuur.